Für Jane und Basti

Matthias Stark

Suasio

Gedichte und Sentenzen

Matthias Stark, Jahrgang 1963, wurde in Radeberg geboren und lebt in Stolpen. Er ist Autor von Prosa und Lyrik, betreibt einen Internet-Blog und ist Mitglied der „Interessengemeinschaft deutschsprachiger Autoren" (IGdA). Bisher veröffentlichte er in zahlreichen Anthologien sowie als Autor und Herausgeber mehrere Bücher.

Bibliografische Information der Deutschen Nationalbibliothek:
Die Deutsche Nationalbibliothek verzeichnet diese Publikation in
der Deutschen Nationalbibliografie; detaillierte bibliografische Daten
sind im Internet über http://dnb.dnb.de abrufbar.

© *2017 Matthias Stark; www.stark-stolpen.de*
Titelillustration: „Das Tor", Federzeichnung von Gudrun Stark
Herstellung und Verlag: BoD – Books on Demand, Norderstedt

ISBN: 978-3-7431-6202-0

Ein paar wenige Worte zuvor

Was ist die Quintessenz aus gelebtem Leben?

Diese Frage zu beantworten, ist offenbar sehr schwer. Erfahrungen lassen sich auch kaum übertragen, so wenig wie eigene Ansichten, Haltungen und Meinungen. Sie vermitteln oft das Flair getragener Schuhe: man zieht sie ungern an, selbst wenn sie passen.

Möglich scheint, Erlebtes und Widerfahrenes in Form von Gedichten und Sentenzen zur Verwendung zu überreichen.

Möge daher die kleine Menge Rat (lat. Suasio), die ich zu geben habe, in mancher Lebensstunde Trost und Hoffnung spenden.

Matthias Stark

Januar

Neubeginn
Und doch...
Die alten Sorgen
Holen uns ein,
Überholen uns.
Wer nicht aufpasst,
Bricht ein
In das Eis
Des Alltags,
Unterliegt
Der Finsternis.
Mit der Gewalt
Des eigenen Willens
Die Schranken
Aufheben zwischen
Wollen und Müssen.
Ein Leben nur –
Und trotzdem
Ein Universum
An Möglichkeiten.

Wenn Gott den Menschen nach seinem Bilde schuf, dann ist Gott ein Teufel.

Dichter sind unsterblich, sie leben weiter im Wort.

Agnostik

Die Blume am Wegrand,
Die dich erfreut,
Ist unsagbar schön und
Rätselhaft.

Die Sterne im All und
Die dunklen Wälder
Bleiben letztlich
Unerkennbar.

Der Mensch neben mir
Auf dem Erdenrund,
In seinem Handeln
Unverstanden.

Ein letzter Schleier
Liegt über allen
Dingen dieser Welt,
Unzerreißbar.

Es werden wärmere Tage auf uns zu kommen, an denen uns nach dem Einfachen dürstet und wir weiter nichts brauchen als klares, kaltes Wasser aus einer Bergquelle.

Die Augen einer Katze sind das Tor in ein fremdes Universum.

Nebelmorgen

Geheimnisvolle Geister,
Abgründiges Licht.
Ein Morgen der Ruhe,
Selbst die Weiden
Schweigen.
Dann aber bricht
Durch die Wolken
Ein blauer Tag.
Und hinterm Nebel
Konturen der Hoffnung.
Im Rausch der Stille
Das Leben und WIR.

Mühelos

Am Nachmittag
Meines Lebens
Steh ich am Teich,
Staunend und schau,
Mit welcher
Leichtigkeit
Die Seeschwalben
Durchs Leben gleiten.
Mühelos scheinbar
Schweben sie
Über den Wellen,
Schreiben Zeichen
In die Bläue
Und ahnen nichts
Vom Ende des
Sommers.

Was ich Dir wünsche

Augen zum Sehen,
Hirn zum Begreifen
Ein großes Herz
Und eine fühlende Hand.

Den klaren Blick,
Die Ferne zu streifen,
Und Falsches erkennen
Mit hellem Verstand.

Ein Leben in Liebe.
Genug um zu leben.
Aufrechten Gang
Und ehrliches Tun.

Ringen um Wahrheit,
Ständiges Streben.
Beste Gesundheit
und Muße zum Ruh'n.

Den Wünschen gewachsen sein, wenn sie sich erfüllen.

Mit einem Buch Zwiesprache halten!

Die natürliche Ordnung der Dinge

Schlechte Aussichten:
Weinende Kreaturen,
Fische schreien,
Tote Vögel im Watt.
Nichts hören,
Nichts sehen,
Nichts sagen.
Das große Fressen
Geht zu Ende.
Der Mars steht
Nah den Plejaden,
Der Stier hat seine Hörner
Nun auf uns gerichtet.
Die Konten eingefroren,
Kleingeld geronnen
Zu Staub.

Die natürliche Ordnung
Der Dinge
Ist gestört.

Immer wieder

Wieder ist Frühling
In lenzjunger Luft,
Der Blüten verzaubernd
Betörender Duft.
Wieder ist Hoffnung
Auf neuen Beginn,
Auf sorgloses Leben
Und tieferen Sinn.
Wieder ist Freude
An Formen und Farben,
Wochen der Kälte
Schufen uns Narben.
Wieder ist Singen
Der Vögel im Blau.
Wärmere Tage,
Ich fühl es genau.
Jetzt nun kommt,
Wie jedes Jahr wieder,
Die Zeit des Blühens
Von Bärlauch und Flieder.
Die Amseln singen
Am Abend im Baum.
Ich hör es und wieder
Erfüllt sich ein Traum.

Suasio – Rat

Ein Wegweiser durchs Leben

I. Sehe mit dem Herzen, mit den Augen aber staune.

II. Sei wissbegierig, hinterfrage alles und benutze deinen Verstand.

III. Verabscheue und vermeide jegliche Gewalt, es sei denn, dein Leben ist bedroht.

IV. Sei demütig vor der Natur.

V. Sei stets so anständig, dass du ohne Scham in die Augen deines Spiegelbildes schauen kannst.

VI. Sei ohne Eigennutz eigensinnig.

VII. Nehme gelassen hin, was du nicht zu ändern vermagst, aber ändere, was dir möglich ist, sei dabei nie mutlos.

VIII. Wenn du glaubst, nicht ohne Religion leben zu können, dann lebe konsequent nach ihr.

IX. Sei offen für Kunst, besonders Malerei, Musik und Literatur.

X. Mache Arbeit und Geld nicht zu deinen Götzen.

XI. Suche Glück und Zufriedenheit in kleinen Dingen.

XII. Respektiere andere Menschen, versuche zu lieben und sei treu, auch zu dir selbst.

Einmal kurz innehalten, ein paar Schritte
zurücktreten und das Bild im Ganzen
betrachten.

      Einen inneren Diskurs führen mit der
äußeren Welt, das ist mehr denn je wichtig.

Freunde

(für Barbi und Rolf)

Freunde sind, mit denen
Bei Bratwurst und Bier
Ich Weltprobleme löse
Bis morgens um vier.
Und Dunkelstunden
Zerreden kann,
Bis wir uns einigen,
Irgendwann.
Freunde sind jene,
Mit denen beim Wein,
Rot blinkend im Glase
Bei Kerzenschein,
Unterm Vollmondlicht
Ich anderer Meinung bin.
Und trotzdem ist jedes
Gespräch ein Gewinn.
Freunde sind selten!
In Zeiten von heute
Gibts wenige Menschen,
Und ganz viele Leute.
Drum halt ich sie fest,
Die Freunde fürs Leben,
Weil Hilfe und Hoffnung
Und Mut sie mir geben.

Spaziergang mit Gepäck

Heute ging ich den alten Weg,
Jenen, den auch Du kanntest.
Ich sah die Bank, auf der wir
Dereinst saßen, sie war besetzt.
Von einem jungen Paar.
Und der Regen sprach
Mit den Gräsern.
Ich ging wortlos vorbei,
Mähliche Schritte
Durch tropfende Zeit.
Ich hatte als Gepäck nur
Die Erinnerung.

An der aber trug ich
Schwer.

Bei allem, was ich sehe, fällt es mir schwer
zu glauben, dass wir die intelligenteste
Lebensform sind, die das All bevölkert.

So mancher hat zwar eine Aus- aber keine
Herzensbildung.

Gnade

Im Mondlicht liegen
Weite Felder.
Dunkel rauschen
Am Abend die Wälder.

Die Stille singt,
Geheimnisse ahnen.
Unsere Wünsche
Brechen sich Bahnen.

Ich fühle sie oft,
Die Gnade der Bäume.
Denn in ihren Schatten
Reifen die Träume.

Vergangenes Hoffen,
Zukunft im Licht.
Bald liegt unser Wollen
Im stillen Verzicht.

Augustnacht

Nach den heißen Tagen
Nun unter Sternen liegen,
Der sanfte Nachtwind lässt
Weit die Gedanken fliegen.
Träume, Hoffnung, Bangen
Können wir uns zeigen.
Unter Laurentiustränen müssen
Nur unsere Wünsche schweigen.

Wenn wir von Fortschritt sprechen, meinen wir in der Regel technische Neuerungen oder Modeerscheinungen, wir Menschen selbst entwickeln uns nur sehr langsam und zögerlich, und, wie sich zeigt, nicht immer zum Besseren.

Freiheit im Kapitalismus bedeutet zunächst mal Habgier für alle.

Septemberabend

Sanftes Licht,
Ahnung von Sommer,
Mühe letzter Bienen
Im Rausch des Abends.
Stare täuschen uns.
Hinter goldenen Schleiern
Eine Zukunft,
Verborgen im Land der Tränen.
Ich werde gewahr:
Warme Zeit ist Vergangenheit.
Die Winde werden rauer,
Stunden gehen zur Neige.
Trotzdem
Gemeinsam weitergehen.
Die Nacht kann kommen
Nach den lebensvollen Tagen.

Und dein Blick ist offen.

Monotonie

Aus dunkler Nacht
Schält sich der neue Tag,
Graue Radionachrichten
Erzählen vom Gestern,
Besserung nicht erhoffend.
Die Menschen wie eh,
Spitzbübelnd und kalt
Das Wetter, im Äther
Schein, Trug und Gewalt,
Gleichmaß aus
Unterlassungen.
Am Baum der Erkenntnis
Faulende Früchte.
Schwadrone der Auskenner
Sehen
Sonne und Mond hinter
Schleiern,
Keine Horizonte erkennbar.
Wir halten uns händig
Für ein helleres Morgen.

Nur die Zähne zeigen ist eben noch kein Lächeln.

Wir führen unser marionettenartiges Leben mit der festen Überzeugung, wir seien frei.

Traum

Die eine Blüte,
Lapislazuliblau,
Zart durchsonnt,
Symmetrisch vollkommen,
Wolke zugleich und Stein,
Hirn und Herz berührend,
Diese eine Blüte,
Sie blieb
Ein Traum.

Mit allen Sinnen

Manchmal höre ich
Leise Stimmen im Wind,
Rufe von fern her,
Aus Zeiten als Kind.
Manchmal schmeck ich
Salz auf den Lippen,
Gischt von den Stürmen
Über den Klippen.
Manchmal fühl ich
Im Licht unserer Zeit
Leere und Kälte,
Durch lieblosen Streit.
Manchmal riech ich
Die lenzfrische Luft,
Den ährenden Sommer,
Vom Herbstheu den Duft.
Manchmal seh ich
Erinnerungsschatten
Der glücklichen Tage,
Die gemeinsam wir hatten.
Manchmal denk ich
So nah ist das Glück,
Ich könnt es ergreifen
Mit kleinem Geschick.

Besitz, Religion oder Rasse, die drei Gründe,
weswegen sich Menschen die Schädel
einschlagen – noch immer eine finstere Zeit.

Das beste Getriebefett der Welt ist ein
Lächeln.

Alltäglich

Die Diele knarrt,
Ein Hahn tropft.

Im Unfertigen zuhause,
Unfertig sein,
Unbehaust,
Suchend,
Ein Leben lang.

Ein Hahn tropft.
Die Diele knarrt.

Und trotzdem Glück.

Lass uns

Lass uns einmal noch,
Einander die Hand haltend
Im Licht der vergehenden Jahre,
Durch die Wiesen streifen,
Auf denen wir lagen
In jüngeren Tagen.

Lass uns dann lauschen,
Dem Schlag unserer Herzen,
Gleichklang in dunkelnden
Stunden.
Lass Pfade uns finden,
Am Abgrund der Zeit,
Uns liebevoll stützend zu
Zweit.

Lass uns nun gehen
Durch taunasse Gräser,
Am Morgen der Hoffnung,
Vom Wind sanft umspielt.
Lass gemeinsam Zeit uns
Verbringen,
Und unsere Ohnmacht
Bezwingen.

Im Verhältnis zum Tier offenbart sich unser Verhältnis zur Welt.

Die Stille ist ein großes Geschenk – sei dankbar dafür!

Neue Dichtung

Ich schrieb ein Gedicht
Über lärmende Stille,
Und taghelle Dunkelheit.
Ich schrieb vom
Sauberen Schmutz
Und vom weinenden Lachen.
Die lebenden Toten
Sollen es schweigend
Rezitieren.
Sie rufen lautlos
In die Nebel aus Licht.
Dass es Mahnung sei
In vergangener Zukunft,
In die wir frontal und direkt
Auf Umwegen zusteuern.

Ich schrieb dieses Gedicht
Morgen, als mein Heute
Gestern war.

Die Jacke

Nun müssen wir uns trennen,
Nach zehn Jahren zerschlissen,
Das Camouflage verblasst.
Zum Verhängnis wurde ihr
Der Nagel im Hochsitz,
Auf dem ich, verboten zwar,
Reh, Fuchs und Hase erlinste.
Wir haben viel erlebt,
Im Lauf der Jahre,
Die alte Jacke und ich.

Das große Dilemma unserer Zeit ist, dass uns der angebliche Fortschritt zunehmend überfordert.

Wer tut, was alle tun, wird nur eines sein: durchschnittlich.

Heimat

(für Gudrun)

I

Schallendes Lachen
Durch alte Gassen,
Schritte auf Pflaster,
Die grauen Steine sprechen
Zur Stille.
Wind am Marktplatz,
Wilde Staubteufel.
Das Leben verwiesen
An die Peripherie.
Alle Paradiese
Bereits geschlossen.
Jenseitige Himmel,
Vom Möglichen
Nichts mehr sagbar.

II
Im Licht der Sonne
Hitzeflirren überm Asphalt
Geistertänze

III
Mauern aus Stein,
Geschichte,
Zu Asche geronnen.
Schatten alter Bäume
Liegen lautlos
Auf dem Bergfried.
Im Blätterrauschen
Die Rufe der Engel
Aus den Tiefen der Zeit.
Im zerstörten Palas
Das Echo
Tausender Stimmen,
Ein Hauch von
Ewigkeit.

IV
Auf der Turmspitze
Im Abendlicht singend
Eine Amsel

V
Sanguinische Landschaft,
Winterweißer Zauber.
Im Frühling übervoll
An drängendem Leben.
Hügel ohne Ziel,
Der Weitblick
Grandios.
Felsige Berge, Wälder
In greifbarer Nähe.
Ahnungen
Im Nebel aus Zeit.
Herbstgelb leuchtet
Bergahorn
Über den Schlüchten.

VI
Vor Äonen
Ein Meer in der Kreidezeit
Ohne Schiffsverkehr

VII
Am Teich sitzen,
Ein Rohrsänger schrillt.
Sanfte Wellen
Spülen Sekunden
Ans sandige Ufer.
Im Schilf
Ein Reiher,
Ausharrend, wartend.
Gedanken fließen
In jenseitige Fluten.
Unter der Oberfläche
Eine andere Wahrheit.
Und das Glück
Kommt aus der Tiefe.

VIII
Ungeduld und Gier
Triebkraft Unzufriedener
Unter den Menschen

Wir haben von allem zu viel und bekommen doch nie genug.

Die großen Auskenner gehen im Leben umher und hängen ihr Fähnlein in den Wind.

Am Fluss

(für Galsan Tschinag)

Wandernd am Fluss
An ungewissen Tagen.
Das Wasser ruhig fließend,
Dann sprudelnd, über Steine
Sanft gleitend, später
Schäumend am Wehr,
Das den Lauf hindert.

Auch das Denken fließt,
Als Idee oder Erinnerung,
Ruhig und mäßig,
Manchmal sprudelnd
Oder sanft gleitend,
Tosend nur am Tabu,
Gebändigt im Dichterwort.

Auf der Esche am Ufer
Zwei Raben im Geäst.
Weit ihr Ruf, ihre Schwingen
Voller Kraft und Stärke.
Gedanke und Erinnerung,
Unbesiegbare Geister
Im abnehmenden Licht.

Sterngucker

Mit großen Augen schauen,
In das Meer aus Sternen,
Mit Demut, Neugier, Staunen,
In dunkle, weite Fernen.

Mancher sieht die Wunder
Nur mathematisch kühl,
Er misst und bildet ab,
Doch ohne ein Gefühl.

Ganz viele Erbsenzähler
Sah schon diese Welt,
Wer stets mit Ellen misst,
Hat Werte nur in Geld.

Die Wunderwelt der Nächte,
Begreifen wir wohl nie,
Wir können sie nur fühlen,
In Schönheit und Poesie.

Leg deine Hand in meine,
Und lass uns weiter gehen,
Lass Sterne uns entdecken,
Und mit dem Herzen sehen.

Epitaph

Nun fehlt dein Lachen,
Weil die Nacht anbricht.
Doch jenseits des Himmels
Ein wenig mehr Licht.